北海道 昭和の鉄道風景

Hokkaido Railway Scenery of the Showa Era

懐かしの汽車旅

坂東 忠明

はじめに

　もうすぐ昭和100年。昭和という時代が、いつの間にか、遠い日々になりつつある。50年近く前、昭和50年代の北海道の鉄道網は、総延長4千キロに達していた。その頃の鉄道の印象は、まだ「人が鉄道を動かしていた時代」だったように思う。もちろん自動化が次々と導入され始めていたが、駅員さんとお客さんには人情が通い、それを撮りたいと思ってシャッターを切った。

　当時はどこも、たばこの煙がすごかったけど、長距離移動の乗り換え駅のホームや売店には、旅行者用のポケットサイズのウイスキーが必ず売っていた。冷凍みかん、週刊誌、ひまつぶしのものも揃っていたね。ペットボトルなんてなかった時代だ。

　振り返ってみると、線路だけじゃなくて、色々な鉄道風景が昭和の時代とともに消えていったように思う。自分が撮った写真たちは、当時にしてみればありふれたものだけど、駅や客車には人がいて、「旅情」があった。子どもたちは鉄道員に憧れ、列車には行商の人たちが営む生活が乗っていた。

　忘れられかけているかもしれない、スマートフォンなんて想像もつかない時代の鉄道旅行。撮影日はまちまちだが、今一度、本書を通して、「北海道　昭和の鉄道風景」を追体験していただけたら、著者として望外の喜びである。

著者　坂東忠明

北海道 昭和の鉄道風景
Hokkaido Railway Scenery of the Showa Era

①札幌　・・・・・・・・・・　4
②札沼線　・・・・・・・・・・　10
　　本中小屋・新十津川
③根室本線　・・・・・・・・・・　14
　　芦別・滝里・富良野
④富良野線　・・・・・・・・・・　20
　　美瑛
⑤宗谷本線　・・・・・・・・・・　22
　　剣淵・名寄
⑥深名線　・・・・・・・・・・　26
　　北母子里・幌加内
⑦留萌本線　・・・・・・・・・・　29
　　増毛・留萌
⑧羽幌線　・・・・・・・・・・　35
　　苫前・羽幌・幌延
⑨宗谷本線　・・・・・・・・・・　42
　　天塩中川・問寒別・稚内
⑩天北線　・・・・・・・・・・　50
　　小石・浜頓別
⑪名寄本線　・・・・・・・・・・　58
　　紋別
⑫渚滑線　・・・・・・・・・・　60
⑬石北本線　・・・・・・・・・・　62
　　上越・桜岡
⑭湧網線　・・・・・・・・・・　68
　　佐呂間・芭露
⑮釧網本線　・・・・・・・・・・　74
　　網走・斜里・緑
⑯白糠線　・・・・・・・・・・　86
　　白糠・縫別
⑰士幌線　・・・・・・・・・・　91
　　士幌・糠平・十勝三股
⑱広尾線　・・・・・・・・・・　102
　　幸福・中札内・広尾
⑲日高本線　・・・・・・・・・・　110
　　様似・静内
⑳富内線　・・・・・・・・・・　116

㉑石勝線（夕張線）・・・・・・・・・・　118
　　鹿ノ谷・夕張
㉒万字線　・・・・・・・・・・　126
　　万字・志文
㉓室蘭本線　・・・・・・・・・・　130
　　苫小牧
㉔胆振線　・・・・・・・・・・　132
　　伊達紋別・北湯沢
㉕函館本線　・・・・・・・・・・　140
　　桑園

札幌駅

札幌駅の地上駅の時代。カチカチと改札挟<ruby>挟<rt>はさみ</rt></ruby>の音が、薄暗い地下改札口に響いていた。風呂敷包みを抱えたおばちゃんはどこへ向かうんだろう。

電車とともに蒸気機関車の姿もあった。さらに、電気機関車や客車からも蒸気暖房の白い蒸気が立ち上がり、それが旅情を掻き立てる。

かつて定山渓鉄道の乗り入れにも使われていた0番ホームには、千歳空港行きの711系電車が停まっている。途中の跨線橋下にある駅そば屋から真っ白い湯気が立ち上がり、旅立ち前なのに早速食欲が湧いてくる。

長い跨線橋を渡って、キヨスクで甘い缶コーヒーとミカンを仕入れ、9番線の札沼線でまずは北に向かうことにする。

時計台の鐘が聞える駅

★ ★ ★ ★

函館本線・札幌駅

函館本線　札幌駅　1982年11月　*5*

6 函館本線　札幌駅　1970年4月

函館本線 札幌駅 1970年4月 7

函館本線 札幌駅

釧路
FOR KUSHIRO

1983年3月

函館本線　札幌駅　1980年11月　9

札沼線

札沼線　石狩当別駅　1981年9月

札沼線　石狩月形駅　1981年9月

札　幌 — 浦　白 — 新十津川（札沼（さっしょう）線）

★ 🚌 のマークは国鉄バスの時刻です.

のりかえ	営業キロ	駅名 ホーム	621D	623D	625D	641D	627D	643D	629D	631D	633D	635D	645D	647D	637D	649D	駅名 ホーム
	0.0	札幌 発	…	618	653	832	1035	1154	1317	1534	1630	1758	1830	1901	2010	2210	さっぽろ
	1.6	桑園 〃	…	622	657	836	1039	1158	1321	1538	1634	1802	1834	1905	2014	2214	そうえん
	7.2	新琴似 〃	…	629	704	843	1047	1205	1329	1545	1642	1809	1841	1913	2021	2221	しんことに
	11.8	篠路 〃	…	636	711	850	1056	1217	1335	1552	1653	1816	1848	1925	2028	2228	しのろ
	13.8	東篠路 〃	…	640	715	854	1100	1222	1339	1556	1657	1821	1853	1932	2032	2232	ひがししのろ
	16.3	釜谷臼 〃	…	644	719	858	1105	1226	1344	1600	1702	1826	1857	1934	2036	2236	かまやうす
	20.9	石狩太美 〃	…	651	726	905	1112	1233	1351	1607	1709	1832	1857	1941	2043	2243	いしかりふとみ
	27.5	石狩当別 着	…	700	736	914	1121	1242	1400	1616	1718	1841	1913	1950	2052	2252	いしかりとうべつ
		石狩当別 発	…	704	743	918	1142	…	1401	1619	1725	1844	…	2053			
	30.5	大学前 〃	…	709	748	925	1147	…	1406	1624	1730	1849	…	2058			だいがくまえ
	32.7	石狩金沢 〃	…	714	752	930	1151	…	1411	1628	1735	1853	…	2102			いしかりかなざわ
	37.2	本中小屋 〃	…	720	758	936	1157	🚌 岩見沢 発	1417	1634	1741	1859	…	2108			もとなかごや
岩見沢方面 🚌	40.4	中小屋 〃	…	725	803	941	1202		1422	1639	1746	1904	…	2113			なかごや
	43.2	月ケ岡 〃	…	729	808	945	1207	岩見沢 905	1426	1644	1751	1909	…	2118			つきがおか
	45.8	知来乙 〃	発石狩当別 711	733	812	949	1211	🚌 岩見沢 1340	1430	1648	🚌 1754	1913	…	2122			ちらいおつ
石狩月形・奈井江・滝川方面 🚌	47.9	石狩月形 〃		738	846	953	958	1222	1435	1652	1715	1759	1921	2126			いしかりつきがた
	52.6	豊ケ岡 〃	745	853		1005	1229	着石狩新宮	1442	1659	1725	1806	1928	2133			とよがおか
	55.1	札比内 〃	749	857		1009	1234		1446	1704	1728	1811	1933	2138			さっぴない
	59.6	晩生内 〃	755	904		1015	1240	1438	1452	1710	1734	1817	1939	2144			おそきない
	62.5	札的 〃	800	908		1018	1245	1442	1457	1715	1738	1821	1943	2148			さってき
	64.3	浦白 着	803	912		1033	1249	1446	1500	1719	1746	1825	1947	2152			うらうす
		浦白 発	710	725	807	936	1258	1450	1504	1728	1755		1950				
	67.7	鶴沼 〃	812	941			1303	滝川 1533	1509	1733	滝川 1838		1955				つるぬま
雨竜・和・石狩沼田方面 🚌		於札内 〃	615	944			1306		1512	1736			1958				おさつない
	71.0	南下徳富 〃	滝川 812	818	947			1309		1515	1739			2001			みなみしもとっぷ
	73.1	下徳富 〃	721	822	951			1313		1519	1743			2005			しもとっぷ
	75.5	中徳富 〃		826	955			1317		1523	1747			2009			なかとっぷ
	78.1	新十津川 着	728	830	959			1321		1527	1751			2013			しんとつがわ

●本表の他「わたしの旅」スタンプ以外の スタンプを設置した駅があります。

"わたしの旅"スタンプ設置駅一覧

◆紛失・廃減などにより取替のため、スタンプのない 場合もありますのでご了承ください.

函館本線…函館、五稜郭、大沼公園、森、長万部、ニセコ、倶知安、余市、小樽、手稲、札幌、大麻、岩見沢、深川、旭川
江差線…江差
松前線…松前
瀬棚線…瀬棚
千歳線…千歳空港

室蘭本線…洞爺、伊達紋別、東室蘭、登別、白老、苫小牧、室蘭
日高本線…浦河、静内、様似
留萌本線…留萌
羽幌線…羽幌
根室本線…富良野、山部、幾寅、新得、帯広、池田、白糠、釧路、厚岸、浜中、厚床、根室

深名線…朱鞠内
富良野線…美瑛
士幌線…音更、糠平
広尾線…愛国、大正、広尾
池北線…本別、足寄
宗谷本線…士別、名寄、音威子府、幌延、豊富、稚内
天北線…浜頓別

名寄本線…興部
石北本線…当麻、上川、遠軽、留辺蘂、北見、美幌、網走
釧網本線…弟子屈、川湯、斜里、塘路
標津線…計根別、中標津、根室標津

札沼線　本中小屋駅　1981 年 9 月　*11*

札沼線 石狩月形駅 1981年9月

転轍機のレバーを操作し、腕木式信号機がパタンと傾く。札沼線でも列車が着く頃には、駅員がキビキビ動き、ホームにある庭の手入れもされていた。

各駅が味のある木造駅舎で、ベンチには井戸端会議をする人の気配が濃厚だった。

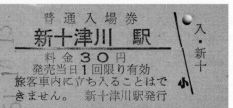

札沼線　新十津川駅　1981 年 9 月　*15*

根室本線

根室本線　滝川駅　1980年10月

芦別駅の改札口には、風除けのためのガラスのフードが
付いていた。炭鉱が盛んで乗降客が多かった時代、改札
業務も忙しかった。

根室本線　芦別駅　1980年10月

冊　0685-23

日	1	2	3	4	5	6	7	8	9	10
付	11	12	13	14	15	16	17	18	19	20
31	21	22	23	24	25	26	27	28	29	30

駅から	参	駅から	参	駅から	参
旭川		富良野		島ノ下	
神楽岡		布部		野花南	
西御料		山部		上芦別	
西瑞穂		下金山		芦別	
西神楽		金山		茂尻	
西聖和		幾寅		赤平	
千代ヶ岡		落合		滝川	
北美瑛		新得		(以下	
美瑛		十勝清水		旭川経由)	
美馬牛		芽室		札幌	
上富良野		帯広		旭川四条	
西中		池田		新旭川	
中富良野		釧路		永山	
鹿討		(以下島ノ		比布	
学田		下経由)		当麻	

有効	3日	2日	1日限り	下車	途無効	小児
運	1000	700	400	100	40	10
	2000	800	500	200	80	50	20
賃	3000	900	600	300	90	60	30
	4000	5000					

旭川車掌区乗務員発行

根室本線車内　1980 年 10 月

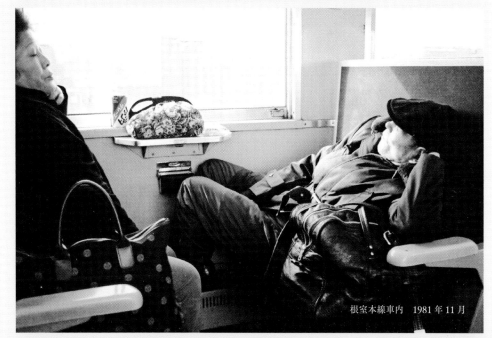

根室本線車内　1981 年 11 月

根室本線　滝里駅　1981 年 11 月

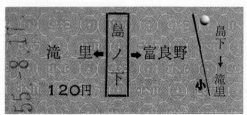

今はダムに沈んだ滝里駅も、当時は駅前に個
人商店や民家が 10 軒ほどある小さな集落だった。

根室本線　島ノ下駅　1981 年 11 月

18 根室本線 富良野駅 1981年12月

根室本線　富良野駅　1981 年 12 月

根室本線　富良野駅　1981 年 12 月

根室本線　富良野駅　1981 年 5 月

根室本線　富良野駅　1981 年 5 月　79

富良野線

富良野線　美馬牛駅　1981 年 6 月

富良野線車内　1981 年 6 月

富良野線車内　1981 年 6 月

富良野線車内　1981 年 6 月

曇った窓ガラスに絵を描く子ども、知り合いと話し込む
女性、遠くを見つめる人、目を閉じている人…。みんな
が旅の主役だった。それぞれが揺られて富良野駅に着くと、
テレビドラマ「北の国から」の主題歌が流れていた。プラッ
トホームでは、冬に旅立つ人、冬に訪ねて来た人が入り
混じり合う。

　富良野で乗り換えて、なだらかな丘陵を縫う富良野線
の列車はのんびり走る。車内も静かで、顔も和やかに会
話も弾む。丘に誘われ富良野から美瑛、旭川へと。

富良野線　美瑛駅　1980年12月

宗谷本線

貨車の積荷は様々なものだった。名寄市で宗谷本線を
走る蒸気機関車を見て育った少年時代、材木を運ぶ貨
車、白い冷凍車、何が積んであるかわからないワム車が延々
と連なり、その両数を数えるのが楽しかった。

C5547

宗谷本線 塩狩峠付近 1974年8月・ *23*

名寄駅のホームから見える名寄機関区の転車台と
扇形庫が懐かしい。そして、名寄本線、宗谷本線、
深名線が集まる北のターミナル。

名寄市内の高校には深名線、名寄本線、宗谷本
線の各線から汽車通学の生徒が集まっていた。ゼロ
番線に列車が待機している「朱鞠内行き」も、朝夕
は汽車通生でにぎやかだった。通学生は同じ列車に
乗るため行きも帰りも一緒になって駅舎や車内で自習す
るのが普通だった。

宗谷本線　名寄駅　1983年9月

宗谷本線　名寄駅　1983年9月

宗谷本線　名寄駅　1983年9月

深名線

北母子里驛

指差確認

深名線、名寄からひと山越えたら北母子里。
"きたぼしり"と言う、美しい語感が好きだ。
冬は道路も封鎖されるマイナス41℃を記録した厳しい土地だが、
そこに住む人のために鉄道がある。

深名線車内　1983年9月

深名線車内　1983年9月

深名線　天塩弥生駅　1983年9月

冊　0062-32

日付	1	2	3	4	5	6	7	8	9	10
	11	12	13	14	15	16	17	18	19	20
31	21	22	23	24	25	26	27	28	29	30

駅から	まで	駅から	まで	駅から	まで
札　幌		礼　受		雨煙別	
江　別		増　毛		政　和	
岩見沢		三　泊		新　富	
美　唄		白　谷		添牛内	
砂　川		小　平		朱鞠内	
滝　川		鬼　鹿		蕗ノ台	
江部乙		古丹別		白　樺	
妹背牛		羽　幌		北母子里	
旭　川		深　川		天塩弥生	
近　文		上多度志		西名寄	
伊　納		多度志		名　寄	
納　内		幌　成		美　深	
秩父別		鷹　泊		風　連	
石狩沼田		沼　牛		士　別	
留　萠		幌加内			

有効	3日	2日	1日限り	下車前途無効		小児
運賃	1000	700	400	100	70	40	10
	2000	800	500	200	80	50	20
	3000	900	600	300	90	60	30

深川車掌区乗務員発行

27

深名線　朱鞠内駅 1983 年 9 月

深名線　添牛内駅 1983 年 9 月

留萌本線

車掌さんは、よくあの揺れる車内で、達筆な手書きの切符を作れるものだと感心した。これもひとつの職人技だ。

30　留萠本線　増毛駅　1982年12月

私が留萠本線を訪れたのは年末の押し迫った12月29日だった。

増毛はリンゴの産地として知られる。

宅急便の代わりに活用されていたのが、駅の手小荷物。

増毛駅から「増毛名産りんご」を発送する人たちの行列があった。

今日は駅員総出の日。

留萠本線　増毛駅・1982年12月　31

留萠本線　増毛駅　1982年12月

留萠本線　増毛駅　1982年12月

暑寒別道立自然公園

暑寒別岳

増毛駅

増毛駅

冊 0668-11

日付	1	2	3	4	5	6	7	8	9	10
	11	12	13	14	15	16	17	18	19	20
31	21	22	23	24	25	26	27	28	29	30

駅から	まで	駅から	まで	駅から	まで
小　樽	幌　糠		天塩有明		
札幌市内	藤　山		天塩栄		
札　幌	大和田		初山別		
江　別	留　萠		豊　岬		
岩見沢	礼　受		天塩大沢		
美　唄	舎　熊		共　成		
砂　川	増　毛		歌　越		
滝　川	三　泊		天塩金浦		
旭　川	白　谷		遠　別		
近　文	小　平		丸　松		
伊　納	大　椴		更　岸		
納　内	鬼　鹿		天　塩		
深　川	力　昼		北川口		
北一己	古丹別		振　老		
秩父別	上　平		幌　延		
石狩沼田	苫　前		豊　富		
恵比島	羽　幌		南稚内		
峠　下	築　別		稚　内		

有効	3日	2日	1日限り下車前途無効			小
運賃	700	400	100	70	40	10
	1000	800	500	200	80	50	20
	2000	900	600	300		60	30
	3000	札幌市内下車前途無効				

深川車掌区乗務員発行

ナショナル
カラーテレビ

増毛方面
深川方面
2

留萠本線　留萠駅　1982 年 12 月

留萠駅の羽幌線ホームは長い跨線橋の先にあって、改
札口からずいぶん遠い場所にあった。
　それで、出発の 3 分前に改札を終了、締め切るという札
があった。

るもい
RUMOI

留萠本線　留萠駅　1982 年 12 月

羽幌線　苫前駅　1982 年 12 月

羽幌線　三泊駅　1982年12月

羽幌線　三泊駅　1982年12月

羽幌線　兎鹿駅　1982年12月

　羽幌線は海岸沿いを走るから、仕入れた魚を箱に入れた行商の人が列車に乗り込んで来る。

　のんびりとしたディーゼルカーの車内は、ほどよく暖房が効いてぬくぬくと心地よく、すっかりまど
ろんでしまう。

　それでも車窓から見る風景は、鉛色の日本海が重そうなグレーの雲と相まって、厳しい気候を
想起させる。

　塩を含んだ重そうな雪質の雪と、強風で曲がってしまった樹々が、どことなく凄みのある表情を
していた。

38　羽幌線　羽幌駅　1982年12月

深川 —— 石狩沼田 —— 留萠（増毛）—— 幌延（留萠本線・羽幌線・下り）

のりかえ	営業キロ	駅名 始発	851D	821D	761D	731D	763D	4711D 旭川806	733D	853D	825D	6771D	735D	1713D 旭川1423	1823D	765D	737D	767D	855D	739D	769D 札幌1710	4803D	827D	741D 小樽1844	駅名 始発
雨竜・滝川方面 ←	0.0	深川 発	…	547	…	746	深旭川間	849	1014	1158	1329	1504	…	1616	…	1757	深川間 503D 急行 3大雪号	1848	2029	2135					ふかがわ
	3.8	北一已	…	552		751			1023	1203	1334			1625		1802		1904	2034	2141					きたいちゃん
	8.8	秩父別	…	558		757			1029	1209	1340			1631		1808			2044	2147					ちっぷべつ
	…	北秩父別				801	804D 急行	904	1036		1344	1521		1635		1812			2048						きたちっぷべつ
	14.4	石狩沼田	…	607		812			1040	1217	1349			1646		1829			2054	2154					いしかりぬまた
	…	真布				817			1045	1222	1354			1651		1834									まっぷ
	20.7	恵比島	…	618		822	る4号		1045	1233	1359	急行 る3号		1700		1839			2104	2202					えびしま
	28.3	峠下		628		832			1055	1245	1409			1710		1858			2114	2211					とうげした
		幌		632		836								1714		1902			2122	2219					ほろ
	34.5	東幌糠		637		848			1103		1416			1724		1908									ひがしほろぬか
		幌糠		641		852				1302				1728		1913			2129	2227					ほろぬか
	40.0	桜庭		646		902			1110	1306	1426			1734		1917			2135						さくらば
	44.2	藤山		652		908			1116	1313	1432			1741		1929				2240					ふじやま
	50.1	大和田		700		915		948	1123	1320	1439	1609		1747		1936			1949	2143					おおわだ
	50.1	留萠 着																							るもい

留萠 → 増毛（留萠本線）

	営業キロ	駅名	761D	731D	763D	733D	853D	765D	737D	駅名
雄冬方面	50.1	留萠 発	722	→ 952		1330	1440	1633	1755	るもい
	56.2	瀬越	726	956		1334	1444	1637	1759	せごし
		礼受	731	1001		1339	1449	1642	1804	れうけ
		阿分	734	1004		1342	1452	1645	1807	あぶん
		信砂	738	1008		1346	1456	1649	1814	のぶしゃ
	61.0	舎熊	741	1011		1349	1459	1652	1814	しゃくま
		朱文別	744	1014		1352	1502	1655	1817	しゅもんべつ
		箸別	747	1017		1355	1505	1658	1820	はしべつ
	66.8	増毛 着	751	1021		1359	1509	1702	1824	ましけ

留萠 → 幌延（羽幌線）

のりかえ	営業キロ	駅名	851D	821D	733D	853D	735D	1823D	855D	4803D	827D	駅名
	50.1	留萠 発	536	715	1127	1331		1618	1818	1954	2150	るもい
	52.8	三泊	540	720	1131	1335		1622	1823		2155	さんとまり
	56.8	臼谷	546	725	1137	1341		1628	1828		2200	うすや
	58.8	小平	549	729	1144	1345		1632	1832	2005	2204	おびら
		花岡		734	1149	1350		1637	1837		2209	はなおか
	67.4	大椴	600	742	1156	1357		1644	1844		2216	おおとど
		富岡		747				1650	1850			とみおか
	76.2	鬼鹿	612	754	1211	1407		1657	1902	2024	2226	おにしか
		千松		759	1215	1412		1701	1907			せんまつ
	83.1	力昼	620	804	1220	1417		1706	1912			りきびる
		番屋ノ沢	624	808	1224	1421		1710	1916			ばんやのさわ
	91.8	古丹別	634	829	1234	1434		1720	1925	2043		こたんべつ
	96.7	上平	640	835	1240	1440		1726	1931			うえひら
	100.6	苫前	645	840	1246	1445		1731	1936	2053		とままえ
		興津	651					1737				おこっ
天売・焼尻方面		羽幌 着	656	849	1255	1454		1742	1945	2102		はぼろ
	108.4	羽幌 発	707		1301	1504		1808	1947	2105		はぼろ
	115.1	築別	715		1309	1512		1816	1955			ちくべつ
	119.9	天塩有明	722		1316	1519		1823	2002			てしおありあけ
	125.7	天塩栄	727		1321	1524		1828	2008			てしおさかえ
	129.6	初山別	736		1334	1533		1837	2017	2130		しょさんべつ
	135.6	豊岬	744		1342	1541		1845	2025			とよさき
	138.1	天塩大沢	748		1346	1545		1849	2029			てしおおおさわ
	141.7	共成	753		1351	1550		1855	2034			きょうせい
	144.3	歌越	757		1355	1554		1858	2038			うたこし
	149.1	天塩金浦	803		1401	1600		1905				てしおかなうら
	153.4	遠別 着	809		1406	1606		1910	2048	2157		えんべつ
	153.4	遠別 発	810		1410	1607		1911	2052	2157		えんべつ
		啓明	814		1414	1611		1915	2056			けいめい
	158.5	丸松	817		1417	1614		1918	2100			まるまつ
	166.1	更岸	826		1426	1623		1927	2109			さらせまし
		干拓	830		1431	1627		1932				かんたく
	172.3	天塩	836		1437	1633		1937	2117	2218		てしお
		中川口	841		1442	1637		1942				なかかわぐち
名寄方面 稚内方面	178.8	北川口	846		1446	1642		1947	2126			きたかわぐち
	184.0	振老	853		1453	1648		1953	2132			ふらおい
		作返	858		1458	1653		1958				さくえし
	191.2	幌延 着	903		1503	1658		2003	2142	2240		ほろのべ

○特殊弁当 … 留萠—とりめし（400円）・すし（300円）

○名　産 … 深川—うろこ団子（400円）

達布方面（留萠から）, 大別苅方面（留萠・増毛から）

遠別・天塩方面（羽幌から）, 上羽幌・曙方面（羽幌から）

雄信内・泉源方面（遠別から） 東野三十二号（遠別から）

※土曜日運転・但し土曜日が休日となるときと休校期間中は運休

天売・焼尻島　オロロン島　45.11.21　羽幌駅

羽幌線の終点は幌延駅。宗谷本線との乗り換え駅で、
寝台急行「利尻」には郵便車と荷物車が連結されていた。
　鉄道郵便があった時代。列車が走り去った後、駅に下
した郵袋という郵便物を入れた袋を線路の反対側に運ぶ
作業。

宗谷本線

宗谷本線　士別駅　1972年1月

神路のつり橋　1972年1月

天塩中川駅や間寒別駅にも結構な乗降客の姿があった。
手小荷物には生活必需品が積んであって、列車が着く頃の賑や
かな駅の風景は、まさに国鉄ネットワークの時代だった。

といかんべつ
TOIKAMBETSU

宗谷本線　間寒別へ　1978年4月

44　宗谷本線　間寒別駅　1978年4月

宗谷本線　間寒別駅　1978年4月

会話が弾む車内のボックスシート。

見知らぬ人同士、着くまでの間の束の間の身の上話
に、つい聞き耳を立ててしまう。

列車の中での退屈な時間は、いつの間にか過ぎていく。

稚内防波堤　1968年8月

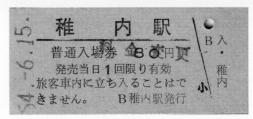

　稚内駅に降り立ったのは1968年（昭和43年）8月の夏休みのことだった。駅に近い稚内港の北端に「北防波堤ドーム」があり、この頃は、1923年（大正12年）から1945年（昭和20年）の終戦まで、稚内と樺太との間を運航していた「稚泊連絡船」の桟橋と防波堤内の「稚内桟橋駅」が、まだ残骸のように残っていた。

　その後、改修工事が行われて、昔の面影はどんどん消えていってしまったが、私の脳裏には当時の景観がよみがえってくるようだ。

稚内防波堤　1968 年 8 月　*47*

宗谷本線　稚内駅　1978 年 2 月

稚内驛
WAKKANAISTATION

宗谷本線　稚内駅　1955 年
坂東巌　撮影

49

天北線には「ひこうじょまえ」と、ふりがなに「う」がない駅名板を持つ可愛らしい「飛行場前」仮乗降場があった。しかし、そこは厳しい吹雪が吹き荒ぶ原野。戦前に陸軍が飛行場を建設したという理由で駅名に名を残しており、天北線なき今でも、バス停の名前として残っている。

天北線　小石駅　1980年1月

天北線　飛行場前駅　1980年1月

天北線　小石駅　1980年1月

天北線　飛行場前駅　1980年1月　51

冊 0219-41

日付	1	2	3	4	5	6	7	8	9	10
	11	12	13	14	15	16	17	18	19	20
31	21	22	23	24	25	26	27	♪	29	30

駅から	粁	駅から	粁	駅から	粁
稚内		下頓別		南美深	
南稚内		中頓別		智恵文	
声問		松音知		北星	
恵北		敏音知		智東	
樺岡		上頓別		日進	
沼川		小頓別		**名寄**	
曲渕		上音威子府		下川	
小石		**音威子府**		風連	
鬼志別		咲来		多寄	
芦野		豊清水		**士別**	
猿払		恩根内		和寒	
浅茅野		紋穂内		旭川	
山軽		初野		滝川	
浜頓別		美深		岩見沢	

運賃	1000	700	400	100	70	40	10
	2000	800	500	200	80	50	20
	3000	900	600	300	♪	60	30

有効	3日	2日	1日限り 下車前途無効	小児

稚内車掌区乗務員発行

曲　渕から
小　石ゆき
発売当日限り有効
下車前途無効　　200円
曲渕駅発行
曲渕→小石

天北線　曲淵駅　1980年1月

天北線　浜頓別駅　1980 年 1 月

天北線　浜頓別駅　1980 年 1 月

天北線　浜頓別駅　1980 年 1 月

天北線　浜頓別駅　1980 年 1 月

54 天北線　浜頓別駅　1980年1月

天北線　浜頓別駅　1980年1月　*55*

天北線車内　1980年1月

1980 年 1

　外は吹雪いていたが、足もとのスチーム暖房はむしろ暑いくらいで、あまり当てすぎてしまうと低温火傷をしてしまいそうである。吹雪で霞む車窓の景色に目を凝らすも、ホワイトアウトに覆われた森や原野の単調なシルエットが続く。

　車内を見渡すと、私の後ろの座席には幼子を抱えた母親がいた。この光景に、私の気持ちもポカポカしてきた。多少の遅れだが、列車は無事に音威子府駅に到着した。

音威子府駅　1980 年 1 月　57

名寄本線

年末の12月29、30日。正月を控えてとこの駅も人々の往
来で活気があり、慌ただしさの中にあった。お土産を抱えてい
る乗客が多かった。久しぶりの帰省なのだろうか
　始発を前に駅のホームでは駅員が送られてきた荷物を客車
兼用の貨物室に運び入れていた。乗客の一人がその作業を
のぞき込みながら、「俺んとこに来ていないべ」などのやり取り
も聞こえてきた。

紋　別　から
潮見町ゆき　　紋別
発売当日限り有効　　↓
下車前途無効　　140円　　潮見
紋別駅発行

名寄本線　紋別駅　1981年12月

名寄本線　渚滑駅　1981年12月

渚滑線の列車の多くは名寄本線の紋別が始発で、渚滑から北見滝ノ上行きに別れる。

正月を控えて、お土産を抱えている乗客が多く乗っていた。

駅員さんたちは、窓を開けて小手荷物の積み下ろしで大忙しの様子だった。

オホーツクの流氷

紋別駅

紋　別 —— 渚　滑 —— 北見滝ノ上（渚滑線）

営業キロ	駅　名	721D	741D	723D	725D	727D	729D	731D	733D
0.0	紋　別町発	···	···	816	1320	1618	···	1940	···
1.2	潮　見町〃	···	···	819	1323	1621		1943	
4.2	渚　滑着発	542	645	823 / 827	1327 / 1336	1625 / 1634	→1721 / 1726	1947 / 1955	2235
···	元　西〃	レ	レ	レ	1341	1639	1731	2000	2240
8.9	下　渚滑〃	549	レ	834	1345	1642	1734	2003	2243
···	十六号線〃	レ	レ	レ	1349	1646	1738	2007	レ
13.7	中　渚滑〃	556	レ	841	1353	1650	1742	2011	2250
···	上　東〃	レ	レ	レ	1358	1656	1748	2017	2255
21.0	上　渚滑〃	610	707	850	1404	1701	1805	2023	2301
···	奥　東〃	620		900	1409	1706	1809	2028	レ
29.0	滝ノ下〃	625		レ	1416	1713	1816	2035	2311
···	雄　鎮内〃	630		レ	1422	1719	1822	2040	2317
35.2	濁　川〃	レ		909	1427	1724	1827	2045	2322
38.5	北見滝ノ上着	635		915	1432	1729	1832	2050	2327

（729D　遠軽発 157D・遠軽～渚滑間 632D）
（741D　休日運休）

営業キロ	駅　名	722D	724D	726D	728D	730D	732D		駅　名
0.0	北見滝ノ上発	540	647	925	1503	1739	2120		きたみたきのうえ
3.3	濁　川〃	545	652	930	1509	1744	2125		にごりかわ
···	雄　鎮内〃	レ	656	レ	レ	1748	2129		ゆうちんない
9.5	滝ノ下〃	553	701	938	1517	1753	2134		たきのした
···	奥　東〃	559	707	レ	レ	レ	2143		おくとう
17.5	上　渚滑〃	607	718	948	1527	1806	2143		かみしょこつ
···	上　東〃	612	723	レ	1532	1811	2148		じょうとう
24.8	中　渚滑〃	617	728	957	1537	1816	2153		なかしょこつ
···	十六号線〃	622	733	1001	レ	レ	レ		じゅうろくごうせん
29.6	下　渚滑〃	625	736	レ	1544	レ	2200		しもしょこつ
···	元　西〃	629	740	レ	レ	レ	2204		もとにし
34.3	渚　滑着発	633	744 / 748	1011 / 1015	1550	1828 / 1833	2208		しょこつ
37.3	潮　見町〃	···	753	1020	1601	1838	···		しおみちょう
38.5	紋　別着	···	755	1023	1604	1841	···		もんべつ

渚滑線（紋別⇄北見滝ノ上）

渚滑線

渚滑線　上渚滑駅　1981 年 12 月

渚滑線　渚滑駅　1981 年 12 月

渚滑線車内　1981 年 12 月

渚滑線　上渚滑駅　1981 年 12 月

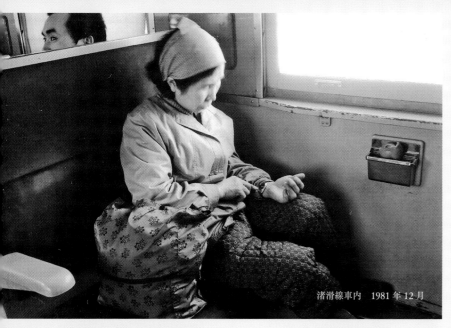

渚滑線車内　1981 年 12 月

渚滑線　北見滝ノ上駅　1981 年 12 月

渚滑線　北見滝ノ上駅　1981 年 12 月

渚滑線　北見滝ノ上駅　1981 年 12 月

石北本線

木のぬくもりがある客車に乗って、たどり着いた駅は、石北本線の上越駅。
「石狩北見国境 標高 634 メートル」と書かれ、北見峠のほぼ頂上となる
停車場で、周辺も鉄道関係者ぐらいしか住んでいなさそうな場所である。

　上越駅に人がいた時代。そんな山奥にも鉄道官舎が立ち並んでいる光
景が、どことなくホッとする汽車旅である。

　今は見られなくなった竹のスコップは、粉雪のこの地域ならではの風物詩。

石北本線　上越駅　1981年3月

石北本線　中愛別駅　1981年12月

石北本線　桜岡駅　1981年3月

石北本線　上越駅　1981年3月

普通入場券
上越駅
料金３０円
旅客車内に立入ることはできません
発売日当日１回限り有効
上越駅発行

50.12.24

○特殊弁当	旭川―やまべずし（600円）	○名産…旭川―旭豆（800円）
	大雪鮨（600円）.みそ汁（120円）	上川―にじます甘露煮（500・1,000円）
	山菜とりめし弁当（600円）	北見―ハッカ飴（200・500円）ハッカ豆（200・500・
	鮭のちらしずし（700円）	1,000円）ハッカ羊かん（1,500円）
	遠軽―かにめし（600円）・ちらしずし300円）	網走―流氷飴（200・500円）・かにせんべい（400・
	北見―さけめし（500円）・とんでん弁当600円）	700円）・流氷巻せんべい（450・700円）
	網走―かにめし（600円）・オホーツク弁当（500円）・みそ汁（120円）	番外地もなか（1,000円）

63

64　石北本線車内　1981年3月

石北本線　桜岡駅　1981 年 12 月

石北本線　中越駅　1981 年 12 月

石北本線車内　1981 年 3 月

石北本線車内　1981 年 12 月

石北本線車内　1981 年 12 月

湧網線

湧網線　芭露駅　1981 年 3 月

湧網線　芭露駅　1981 年 3 月

湧網線　芭露駅　1981 年 3 月

湧網線　芭露駅　1981 年 3 月

湧網線　芭露駅　1981 年

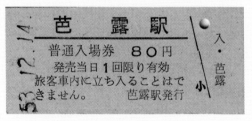

ちいさなちいさな駅長さんの話。
　湧網線の中湧別駅から三つ目の駅、芭露駅。
暖を取りながら昔話をお聞きした。カメラを横に置
き、お茶もいただきながら駅員の話に耳を傾けた。
ストーブの上には長いこと使い込まれたアルミの飯
盒に入った白飯が、ものすごく美味しそうに見える。
ご飯とともに心も温まる時間だった。

網　走 —— 佐呂間 —— 中湧別（湧網線）

湧網線（網走↔湧別）

表中の記号：レ＝通過、…＝停車時刻なし。923D は湧別発（722）、927D は遠軽発（1557）、632D は中遠軽間の列車。

営業キロ	駅名（始発）	921D	923D	925D	632D（中遠軽間）	927D（遠軽 1557）	929D
0.0	中湧別　発	514	735	1131	…	1626	1841
…	四号線	レ	レ	レ	…	1630	1845
…	福島	レ	レ	レ	…	1634	1849
9.9	芭露	525	747	1142	…	1642	1857
16.5	志撫子	535	755	1150	…	1650	1905
21.0	計呂地	540	802	1153	…	1652	1913
…	浜床丹	543	808	1159	…	1658	1919
…	床丹	レ	811	1202	…	1701	1922
29.3	佐呂間　着	558	821	1212	…	1711	1932
	佐呂間　発	602	827	1219	…	1718	1940
…	堺橋	608	829	1225	…	1722	1943
…	興生沢	611	836	1229	…	1725	1947
36.0	知来	レ	840	1233	…	1729	1951
…	紅葉橋	618	レ	1237	…	1734	レ
41.4	仁倉	624	846	1244	…	1738	1957
46.0	浜佐呂間	630	853	1249	…	1744	2004
49.4	北見富丘	634	858	1258	…	1750	2009
54.0	東富丘	638	レ	1304	…	1757	2016
59.5	北見共立	700	907	1313	…	1803	2023
66.7	常呂	708	921	1321	…	1812	2032
73.1	能取	717	929	1327	…	1820	2040
76.6	北見平和	722	938	1332	…	1826	2045
…	卯原内	727	943	1336	…	1831	レ
82.1	二見中央	731	948	レ	…	1835	2053
…	二見ケ岡	741	952	レ	…	レ	レ
…	大曲	レ	レ	レ	…	レ	レ
89.8	網走　着	744	1003	1347	…	1846	2104

湧網線　芭露駅　1981年3月

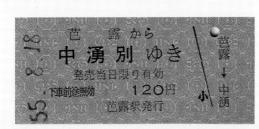

芭露から
中湧別ゆき
発売当日限り有効
下車前途無効　120円
芭露駅発行
（芭露 → 中湧別　小　中湧）
55.8.18　JNR

釧網本線

　昔の洒落た洋館風の網走駅。駅前には素敵な噴水や水飲み場があった。1番ホームのモリヤ商店では、駅弁と一緒にヤカンでお茶を入れて売っていた。

　お弁当にお茶はつきものだが、お弁当売って、お茶売って、よく考えると、すごい仕事量。1人で何役もこなしていた。

釧網本線　網走駅　1968年8月　75

釧網本線　斜里駅　1984年9月

釧網本線　斜里駅　1984年9月

釧網本線　網走駅　1984年9月

　　網走駅から乗車した釧網本線。通路を挟んだ斜め向かいに、斜里から乗ってきた編み物をしている女性が座っていた。
　　「何を編んでいるのですか」と声を掛けたのがきっかけで、いつの間にか話が弾んだ。女性は川湯駅で降りて、何十年も硫黄山で温泉卵を売る商売をしているという。蒸した卵は評判で硫黄山の名物になっているようで、「卵で子供たちを育ててきたもんさ」と誇らしげに語った。

　釧網本線車内　1984 年 9 月

釧網本線車内　1984 年 9 月

釧網本線車内　1984 年 9 月

指差確認

釧路鉄道管理局

みどり

本場の味
サッポロ
ビール

全国労

安全第一

釧網本線　五十石駅　1984年9月

釧網本線　五十石駅　1984年9月

釧網本線　五十石駅　1984年9月

釧網本線　五十石駅　1984年9月

釧網本線　五十石駅　1984年9月

優等列車に、たまに乗っているお洒落な車掌さんの
蝶ネクタイ姿が素敵だと思った。

　五十石駅で列車の行き違いがあり、ちょっと長い時間
の停車、車掌さんも駅の事務室で暫しの休憩。

　車内でも賑やかにしていた学生たちも、この停車時間
に駅前に出てボール遊びをするくらいの余裕があった。

釧網本線　五十石駅　1984年9月

84　釧網本線　茅沼駅　1984年9月

茅沼駅では駅長が、ホームの反対側の餌場にエサを
巻いて、タンチョウに給餌していた。駅にツルのいる時は、
隣駅に黄色い小旗が立てられ、車掌が車内放送でツル
の到来を紹介していた。そして、窓越しにツルの姿が見え
ると、客は一斉に同調して沸いた。

釧網本線車内　1984年9月　85

白糠線

86　白糠線　白糠駅　1983 年9月

白糠線車内　1983 年 9 月

白糠線で出会った男の子たちは、みんな野
球帽を被っていた。
　今、思えば、子供の頃に友達と乗る汽車旅
の時間は楽しかったなぁ。

　白糠線車内　1983 年 9 月

白糠線車内　1983 年 9 月

白糠線　縫別駅　1983 年 9 月

白糠線車内　1983 年 9 月

白糠線車内　1983 年 9 月

白糠線　上茶路駅　1983 年 9 月　89

白糠線　白糠駅　1983 年 9 月

白糠駅の改札口。
駅員さんからの「本日もご乗車ありがとうございました」の
一言が嬉しかった。

各車両に JNR マークの灰皿が付いていた。お客さんは
もちろん、鉄道員も一服するのは、普段通りの姿だった。

　士幌線のキハ 22 602 は、車両の半分がボックスシー
ト、半分がロングシートというちょっと変わった造りになって
いた。たぶん郵便や荷物輸送として使うためなんだろう。
コトコトとリズミカルなジョイント音。開いた窓から爽やか
な夏風が入ってきて、半室ロングシートの広々とした空間
に流れる緑色の車窓を眺める時間が、優雅に感じた。

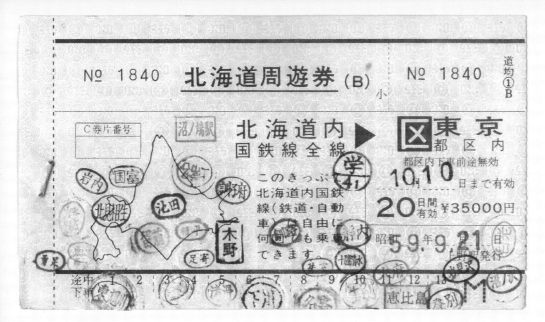

20日間乗り放題の北海道周遊券。駅員さんに「下車印」を押してもらって、旅の勲章を集めるのが楽しみだ。

士幌線　士幌駅　1985年8月

士幌線　士幌駅　1985年8月　95

士幌線車内　1985 年 8 月

士幌線　糠平駅　1985年8月

昭和53年12月、国鉄は士幌線 糠平から先
の鉄道運行をやめ、十勝三股までをバス代行運
転に切り替えた。私が訪ねた昭和56年当時、
終点の十勝三股に暮らす住民はわずかに2世帯
6人にまで落ち込んでいた。

　士幌線のお客は糠平駅で降ろされるが、その
ほとんどは観光地として人気が高い糠平温泉郷を
目指す。しかし、私にとっては、温泉よりも辺境の
地の方が断然魅力的に感じるので、代行バスで
かつての鉄道の終着駅・十勝三股に向かう。

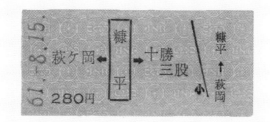

士幌線　十勝三股駅　1985年8月

士幌線　十勝三股駅　1985年8月

100　士幌線　十勝三股駅　1985年8月

　昭和30年代まで1000人を超える住民が
いた十勝三股。草むらに眠る「時が止まった」
給水塔や転車台。
　抜けるような広い空、さわやかな風。
　「自然に帰る」ことを感じる場所で贅沢な時
を過ごす。

広尾線

広尾線といえば、今でも鉄道公園として残されている幸福駅が有名だが、ここは愛国から幸福までの切符を求めて、カニ族をはじめ、多くの旅人で賑わっていた。

車窓からは切れ目のない広い畑が次々と登場し、十勝平野の広さを実感する。麦やジャガイモ、豆類、甜菜、飼料作物などの畑が地平線いっぱいに続く。

左右の車窓に広がる明るい景色から、夏のそよ風を受けた列車は、若者たちの歓声に追いかけられながら、軽やかにタタン、タタンと走り抜けて行く。

広尾線 大正駅 1985年8月

広尾線 幸福駅 1985 年 8 月

広尾線 依田駅 1985 年 8 月

広尾線 幸福駅 1985 年 8 月

広尾線 幸福駅 1985 年 8 月

広尾線　中札内駅　1985 年 8 月

広尾線　中札内駅　1985 年 8 月

広尾駅

一枚の
キップから

広　尾　駅

普通入場券　140円

発売当日1回限り有効
旅客車内に立ち入ることはで
きません。　広尾駅発行

入・広尾

小

61-4-19

広尾線　中札内駅　1985年8月　*105*

広尾線車内　1985 年 8 月

広尾線車内　1985 年 8 月

広尾線車内　1985 年 8 月

　ドアの近くには、どうやって持ってきたんだろうと、首
をかしげたくなるくらいの行商のおばちゃんの大きな荷物。
「かつての仲間が次々と引退して、一人になって寂しい
のさ」と言いながらも、この生活感がローカル線の魅力
でもある。

広尾線車内　1985 年 8 月

広尾線　上更別駅　1985 年 8 月　*107*

広尾線　広尾駅　1985年8月

広尾線　広尾駅　1985年8月

広尾線　広尾駅　1985年8月

　もともとは広尾線の広尾から日高本線の様似までを線路
で結ぶ計画があったそうだが実現せず、国鉄バスがこの
区間を結ぶ。えりも岬は風速10メートル以上の風の吹く
日が、年間260日以上もある日本屈指の強風地帯だが、
実現していたらという妄想が膨らむ。夏の観光シーズンは
「観光急行便」も増発され、多くの旅人で賑わうルート
だった。

広尾線　広尾駅　1985 年 8 月

日高山脈襟裳国定公園と日勝スカイライン

様似──えりも岬──（百人浜）──庶野──広尾

58.8.5現在

様似園 T 01465─6─3431
（国鉄バス・日勝本線）

百人浜経由の便以外は、庶野で各便とも乗換えとなります。

◎日勝本線では夏期間 … 観光急行便 （太字掲載）運行します.

・平常運行便は
　広尾─庶野間は各駅停車
　庶野─えりも岬間は百人浜のみ停車

・観光急行便は
　広尾─えりも岬間は百人浜のみ停車
　様似─えりも岬間はアポイ登山口、えりものみ停車

日高山脈襟裳国定公園とえりもシーライン

109

日高本線

日高本線　静内駅　1986 年 10 月

日高本線　静内駅　1986 年 10 月

日高本線　静内駅　1986 年 10 月

日高本線　静内駅　1986 年 10 月

日高本線　静内駅　1986 年 10 月

日高本線　静内駅　1986 年 10 月

日高本線　静内駅　1986 年 10 月

訪問した時には普通列車化されていたが、かつての日高本線には急行えりもが３往復あった。それでも、様似駅や静内駅にはキヨスクがあり、駅弁があり、汽車旅の文化があった。いい旅チャレンジ20,000kmの目的地として、多くの旅人が目指す様似駅。

駅務室には駅長さん一人が勤務していた。壁には歴代駅長の名を書いたボードが掲げられ、私がお会いした駅長さんは23代目と分かった。

日高本線の魅力は、牧草地を馬が駆け、海岸線ぎりぎりを走る車窓風景もあるが、のんびりとした鉄道員やお客さんとの繋がりが一番だったのかもしれない。

日高本線　厚賀駅―大狩部駅間　1986年10月

苫 小 牧 ─ 鵡 川 ─ 静 内 ─ 様 似（日高本線）

のりかえ	粁程	駅 名	830D	832D	834D	4701D	836D	838D	840D	703D	842D	705D	844D	846D
えりも・広尾方面	0.0	様似　発	508				600	905	1117	1247	1450	1715	1750	1912
	2.9	西様似	513				606	915	1128	1456			1756	1918
		鵜苫	518				610	920	1132	1500			1800	1922
	9.6	日高幌別	524				617	926	1139	1507			1807	1928
		東町	531				625	932	1145	1514			1814	1935
静内方面			534				627	936	1149				1818	1938
	16.2	浦河　着発	535				627	936	1200	1308	1518	1736	1826	1939
	21.4	絵笛	542				635	944	1207		1527		1833	1946
	26.3	荻伏	550				642	951	1214		1535		1841	1954
	33.5	本桐	559				651	1000	1223		1544		1850	2003
	36.7	蓬栄	604				657	1006	1229		1549		1856	2008
	40.7	日高三石	611				703	1012	1235	1338	1601	1811	1902	2019
	47.1	日高東別	620				713	1021	1244		1610		1912	2028
	49.5	春立	624				718	1030	1249		1614		1916	2033
	55.6	東静内	633				728	1039	1258		1633		1925	2042
			644				739	1050	1308	1405		1840	1936	2052
	64.4	静内　着発		556		646	741	1052	1310	1409	1650	1842	1958	
	69.3	新冠		603		653	748	1059	1317		1657		1945	
	73.4	節婦		609			754	1105	1323		1703		1951	
	75.4	大狩部		612			757	1108	1328		1706		1954	
	80.9	厚賀		620		708	805	1116	1334		1714	1903	2002	
	85.4	清畠		626			811	1122	1340		1720		2008	
	90.2	豊郷		632	4932D		817	1128	1346		1726		2014	
	95.2	日高門別		647	振内発 560	727	825	1138	1354	1455	1744	1929	2022	
富内・日高町方面	102.9	富川		657		737	835	1146	1404	1505	1753		2037	
	112.0	汐見		707			845	1201	1419	1518	1759	1942	2046	
				713	722		850	858	1423				2052	
	116.0	鵡川　着発		729		750	911	1211	1439	1524	1815	1942		
千歳・札幌方面	119.5	浜田浦	628	734			916	1216	1444		1820		2053	
	123.8	浜厚真	638	740			926	1228	1450		1826		2104	
室蘭方面	133.4	勇払	648	751			937	1245	1517		1848		2117	
	146.5	苫小牧　着	700	803		818	950	1251		1552		2018	2130	
岩見沢方面		終　着				札幌 944				札幌 1659		札幌 2130		

○特殊弁当と名産…
苫小牧―サーモン(鮭)ずし(500円)・えぞずし(500円)・日高路(すし)(450円)・シシャモ・チップ・ますずし(500円)・毛がにずし(500円)・毛がにご飯(500円)・幕の内弁当(500円)・北海弁当(500円)・チップ姿ずし(800円)

静　内―とりめし(300円)　お好みずし(500円)　すし(300円)

様　似―つぶ貝弁当(500円)　鮭弁当(500円)（4～10月販売）

豊郷方面（日高門別から）
広富・鳩川方面（富川から）
稲里・穂別方面（鵡川から）
占冠・金山方面（日高から）
平取方面（苫小牧・富川から）
厚真方面（苫小牧から）
正和・太陽方面（厚賀から）
千栄方面（日高から）

日高本線（苫小牧⇔様似）

富内線

富内線車内　1986 年 10 月

富内線車内　1986 年 10 月

富内線　日高町駅　1986 年 10 月

116

日 高 町 から
日高三岡
日高岩内　間ゆき
発売当日限り有効　　　170円
下車前途無効　日高町駅発行

01 -8.17.

日町 → 日岩

富内線　振内駅－仁世宇駅間　1986年10月　117

夕張線(石勝線)

追分駅　1981 年 2 月

夕張線　紅葉山駅　1981 年 2 月

夕張線　紅葉山駅　1981 年 2 月

夕張線　紅葉山駅　1981 年 2 月

夕張線　夕張駅　1981年2月

122　夕張線　鹿ノ谷駅一夕張駅間　1981年9月

賑やかな夕張の姿があった。訪れた日が
ちょうど秋祭りだったのか、様々な幟や旗が晴
れやかになびいていた。ブラスバンドの演奏
が会場を盛り立て、楽しそうな風景が石炭産
業の華やかな時代を彷彿させた。

　石炭列車の影は薄くなって、狭い山間部
に約10万人の都市が栄えていたとは思えな
いほどの静けさはあったが、炭鉱住宅が建ち
並んでいる光景は、今思えば炭鉱銀座があっ
た時代の最後の面影だった。

秋祭りの夕張本町　1981年9月

秋祭りの夕張本町　1981年9月

夕張線　鹿ノ谷駅　1981年2月

夕張線　夕張駅　1981 年 2 月

万字線

126 万字線　万字炭山駅　1981 年 9 月

志文駅　1985年3月

志文駅　1985年3月

志文駅　1985年3月

志文駅　1985年3月

128 志文駅 1985年3月

冊 0224-02

岩見沢駅　1980年11月

蘭
蘭
方面

新大滝
喜茂別
倶知安
方面

0

胆振線

胆振線廃止反対

国労

安全╋第

胆振線　伊達紋別駅　1981 年 1 月　*133*

胆振線　北湯沢駅　1981 年 1 月

胆振線車内　1981 年 1 月

運賃表（発駅・着駅）

着＼発	伊達紋別	上長和	壮瞥	久保内	蟠渓	北湯沢	優徳	御園	北鈴川	喜茂別	留産	南京極	東京極	北岡	寒別	参郷	六郷	倶知安
伊達紋別	—	180	220	300	460	460	540	900	900	1,060	1,060	1,220	1,220	1,220	1,380	1,380	1,380	1,540
上長和	180	—	180	220	300	380	460	780	900	900	1,060	1,060	1,060	1,220	1,220	1,380	1,380	1,380
壮瞥	220	180	—	190	220	300	300	700	780	900	900	900	1,060	1,060	1,220	1,220	1,220	1,220
久保内	300	220	190	—	180	220	220	540	620	780	780	900	900	1,060	1,060	1,060	1,060	1,220
蟠渓	460	300	220	180	—	180	190	460	540	620	700	780	780	900	900	1,060	1,060	1,060
北湯沢	460	380	300	220	180	—	140	380	460	540	620	700	700	780	900	900	900	1,060
優徳	540	460	300	220	190	140	—	300	460	540	620	620	700	700	780	900	900	900
新大滝	620	540	460	300	220	190	220	300	460	460	540	620	700	780	780	780	900	900
御園	900	780	700	540	460	380	300	—	180	220	220	300	380	460	540	540	540	620
北鈴川	900	780	780	620	540	460	460	180	—	180	190	220	220	300	380	460	460	540
喜茂別	1,060	900	900	780	620	540	540	220	180	—	180	180	190	220	300	300	380	460
留産	1,060	1,060	900	780	700	620	620	220	190	180	—	140	180	190	220	300	300	380
南京極	1,220	1,060	900	900	780	700	620	300	220	180	140	—	180	190	220	300	300	300
東京極	1,220	1,060	1,060	900	780	700	620	380	220	190	180	180	—	180	190	220	220	220
京極	1,220	1,220	1,060	900	900	780	700	460	220	190	190	180	140	140	180	190	220	220
北岡	1,220	1,220	1,060	1,060	900	780	780	460	220	190	190	180	140	—	180	190	220	220
寒別	1,380	1,220	1,220	1,060	900	900	780	460	380	300	220	190	190	140	—	180	180	190
参郷	1,380	1,380	1,220	1,060	1,060	900	900	540	460	300	300	220	190	180	180	—	140	180
六郷	1,380	1,380	1,220	1,060	1,060	900	900	540	460	380	300	300	220	190	180	140	—	140
倶知安	1,540	1,380	1,220	1,220	1,060	1,060	900	620	540	460	380	300	220	220	190	180	140	—
小樽（倶経）	2,400	2,400	2,100	2,100	2,100	2,100	1,800	1,540	1,540	1,380	1,380	1,220	1,220	1,060	1,060	1,060	1,060	900
札幌（倶経）	3,100	2,800	2,800	2,800	2,400	2,400	2,400	2,100	2,100	1,800	1,800	1,800	1,800	1,800	1,800	1,540	1,540	1,540
東室蘭	380	460	540	700	780	900	900	1,220	1,380	1,380	1,540	1,540	1,540	1,800	1,800	1,800	1,800	1,800
室蘭	540	620	700	780	900	1,060	1,060	1,380	1,380	1,540	1,540	1,800	1,800	1,800	1,800	1,800	1,800	2,100

月
1	5
2	6	10
3	7	11
4	8	12
9

日
1	11	21
2	12	22
3	13	23
4	14	24
5	15	25
6	16	26
7	17	27
8	18	28
9	19	29
10	20	30
31

手荷物託送証
小児
有効当日　下車前途無効
有効 2日
手回り品料金　1個　2個　円　円　250　500

倶知安車掌派出所乗務員発行

通り抜けお断り
きっぷ・定期券定
車掌とお渡になるが
またはお見せ願います

伊達紋別駅管理駅長

スキー号を!

曜日
11日15日18日25日
1日11日15日22日

湯沢駅発　14時00分

多駅の到着時刻　片道運賃

紋別　14:46　320円
輪西　15:20　550円
室蘭　15:32
西崎　15:36
崎　15:40　630円
売　15:46
蘭　15:50

胆振線　北湯沢駅　1981年1月　135

胆振線　新大滝駅　1981年

　洞爺湖と羊蹄山をぐるりと囲んで室蘭本線と函
館本線を結ぶ胆振線は、火山、湖沼、温泉、
渓流をめぐる贅沢な旅行が四季通じて楽しめる
ローカル線だった。一時期、札幌を始発に胆振
線をめぐって札幌駅に戻るという循環急行いぶりと
いう列車があって評判だった。
　豪雪地帯にポツンポツンと現れる集落にある小
さな駅に停まるたびに、タブレット通行票を持って
出迎えてくれる駅員さん、郵便袋をリヤカーで運ぶ
光景を見ると、鉄道がしっかりと沿線の生活を支え
ているという実感が湧いてくる。

胆振線　新大滝駅　1985年3月

胆振線　蟠渓駅　1981 年 1 月

胆振線　新大滝駅　1981 年 1 月

胆振線車内　1981 年 1 月

胆振線車内　1981 年 1 月

胆振線車内　1981年1月

　倶知安からは函館発札幌行きの古い客車列車
に乗り込んだ。昭和の旧型客車は、ドアを開けた
まま走っていた。網棚には銀箱のカメラバック、時
刻表を片手に旅をする少年が旅の友となった。

　開けた窓から入ってくる風を感じながら、小沢
駅のホームで買ったトンネル餅を薄暗い車内で食
べた時間が忘れられない。

　旅の締めくくりは小樽駅で買ったかにめしだ。小
樽から札幌の行程も、客車が古いというだけで、
ずいぶん旅をしているという雰囲気になるから不思
議なものだ。

一 滝　川 ― 旭　川　（函館本線・下り）

江別 577M	稚内 317	滝川 579M	札幌 157D	小樽 1595D	網走 515	岩見沢 841	札幌 581D	岩見沢 583M	札幌 125	俱知安 147D	黒松内 145D		駅名
…	…	…	…	…	…	…	…	…	1355	…	…	…	はこだて
…	…	…	1655	…	…	…	…	…	1901	…	2121	…	おしゃまんべ
…	…	…	1711	…	…	…	…	…	1911	…	2131	…	ふたまた
…	…	…	1722	…	…	…	…	…	1920	…	2142	…	わらびたい
…	…	…	1733	…	…	…	…	…	1928	…	2149	…	くろまつない
…	…	…	1748	…	…	…	…	…	1938	…	…	…	ねっぷ
…	…	…	1803	…	…	…	…	…	1952	…	…	…	かみめな
…	…	…	1812	…	…	…	…	…	2002	2139	…	…	めな
…	…	…	1822	…	…	…	…	…	2012	2148	…	…	らんこし
…	…	…	1834	…	…	…	…	…	2022	2156	…	…	こんぶ
…	…	…	1846	…	…	…	…	…	2035	2209	…	…	にせこ
…	…	…	1857	…	…	…	…	…	2045	2219	…	…	ひらふ
…	…	…	1906	…	…	…	…	…	2054	2228	…	…	くっちゃん
…	…	…	1922	…	…	…	…	…	2111	…	…	…	こざわ
…	…	…	1940	…	…	…	…	…	2123	…	…	…	ぎんざん
…	…	…	1951	…	…	…	…	…	2139	…	…	…	しかりべつ
…	…	…	2023	2100	…	…	…	…	2151	…	…	…	にき
…	…	…	2028	2107	…	…	…	…	2157	…	…	…	よいち
…	…	…	2041	2117	…	…	…	…	2204	…	…	…	らんしま
…	…	…	2052	2128	…	…	…	…	2210	…	…	…	しおや
…	2027	…	2102	着	2140	…	2205	…	2231	…	…	…	おたる
…	2031	…	2108	…	2144	…	2209	…	2245	…	…	…	みなみおたる
…	2034	…	2112	…	2147	…	2212	…	2249	…	…	…	おたるちっこう
…	2038	…	2116	…	2152	…	2217	…	2253	…	…	…	あさり
…	2048	急行	2120	…	急行	…	2221	…	2258	…	…	…	はりうす
…	2056	利	2127	…	大	…	2227	…	2309	…	…	…	ぜにばこ
…	↓	尻	2131	…	雪	…	…	…	2318	…	…	…	ていね
…	↓		2139	…	5	…	…	…	2325	…	…	…	ことに
…	↓		2147	…	号	…	…	…	2329	…	…	…	そうえん
…	2110	…	2155	…	2210	…	2250	…	2334	…	…	…	さっぽろ
⑥	④	⑥	⑧	…	④	⑤	⑤	⑧	④				ホーム
2117	2125	2144	…	…	2215	2234	…	2300	…	…	…	…	さっぽろ
2121	↓	2148	…	…	↓	2238	…	2304	…	…	…	…	なえぼ
2126	↓	2153	…	…	↓	2243	…	2309	…	…	…	…	しろいし
2130	↓	2157	…	…	↓	2248	…	2313	…	…	…	…	あつべつ
2135	↓	2202	…	…	↓	2253	…	2318	…	…	…	…	おおあさ
2139	↓	[弁]	…	…	↓	[弁]	…	2322	…	…	…	…	のっぽろ
2144	2148	2210	…	…	2239	2302	…	2326	…	…	…	…	えべつ
	↓	2217	…	…	↓		…	2336	…	…	…	…	とよほろ
	↓	2221	…	…	↓		…	2342	…	…	…	…	ほろむい
	★	2227	…	…	★		…	2348	…	…	…	…	かみほろむい
	2208	2233	…	…	2300	2307	…		…	…	…	…	いわみざわ
	↓	2242	…	…	↓		…		…	…	…	…	みねのぶ
	↓	2247	…	…	↓		…		…	…	…	…	こうしない
	2229	2252	…	…	2323		…		…	…	…	…	びばい
	↓	2257	…	…	↓		…		…	…	…	…	ちゃしない
	↓	2303	…	…	↓		…		…	…	…	…	ないえ
	↓	2308	…	…	↓		…		…	…	…	…	とよぬま
	2247	2312	…	…	2341		…		…	…	…	…	すながわ
	2257	2320	…	…	2350		…		…	…	…	…	たきかわ
	2307	…	…	…	2359		…		…	…	…	…	えべおつ
	↓	…	…	…	↓		…		…	…	…	…	もせうし
	2329	…	…	…	021		…		…	…	…	…	ふかがわ
	2331	…	…	…	026		…		…	…	…	…	おさむない
	↓	…	…	…	↓		…		…	…	…	…	いのう
	↓	…	…	…	↓		…		…	…	…	…	ちかぶみ
	↓	…	…	…	056		…		…	…	…	…	あさひがわ
	622	…	…	…	726		…		…	…	…	…	終着
	74	…	…	…	79		…		…	…	…	…	次の掲載頁

〇特殊弁当と名産
青函連絡船内 … 新巻弁当（600円）・鮭ずし（600円）
　　うなぎ弁当（950円）
　　海峡弁当（600円）

※改造船には食堂・喫茶室がありませんのでご注意ください。

青函連絡船内喫茶室（サロン海峡）
　営業時間は出航より着岸40分前まで, ただし深夜便は1時30分まで
　〇ソフトドリンク
　　　コーヒー, ジュース, アイスクリーム（250〜400円）
　〇ウイスキー　国産（700円）・外国産（600〜1,450円）
　〇ビール（ドイツ製）（600円）・はこだてワイン（1,000円）
　〇オードブル（500〜800円）・その他

函館 … かにずし（600円）・つぶ貝弁当（500円）・蝦夷ちらし弁当（600円）
　　北海幕の内（500円）・北の家族弁当（600円）
　　みがき鰊弁当（500円）・ほたて弁当（500円）
森 … いかめし（400円）
長万部 … 特製もりそば折詰（400円）・かにめし（600円）・
　　鮭飯（600円）・お好み弁当（600円）
　　幕の内弁当（400円）・すし（300円）
小沢 … トンネルモチ（250円）・すし（300円）
小樽 … 幕の内弁当（500円・600円）・すし（400円）
　　・かにめし（600円）
札幌 … とり肉弁当（600円）・山べ鮭ずし（600円）・SL弁当（800円）
　　・石狩鮭めし（400円）・すし（400円）・豚汁（120円）
　　柳もち（500円）・莇もち（400円）・シューマイ（400円）・煉化もち
　　（400円・800円）
岩見沢 … 鳥めし（300円）・にじ鱒すし（400円）・かつ弁当（400円）
　　かまめし（500円）・いくら弁当（500円）・うなぎめし（600円）
　　・すし（300円）
　　名所せんべい（250円・400円）・あんころ餅（150円）

滝川 … 幕の内弁当（500円）・すし（350円）

深川 … うろこ団子（300円）

旭川 … 大雪鮨（600円）・やまべずし（600円）・みそ汁（120円）・
　　山菜とりめし弁当（600円）・鮭のちらしずし（700円）
　　旭豆（800円）

🚌 雷電温泉（余市・小樽から89頁）.
　　盃温泉・神恵内（89頁）
　　朝里川温泉（小樽から88頁）.
　　北村・新篠津・月形方面（岩見沢から103頁）.
　　栗山・新沼・追分方面（岩見沢から103頁）.
　　忠別ダム方面（滝川・雨竜から104頁）.
　　浦臼・浜益方面（滝川から104頁）.
　　雨竜・石狩沼田方面（滝川から104頁）.

おわりに

　父の影響を受けて、幼いころから写真に親しんでいた。大学生になり初めて自分のカメラを購入し、その後アマチュアの写真クラブにも入会。ここで出会った写真家の掛川源一郎さんの影響を受け、北海道の暮らしや生活をテーマに撮り続けた。

　特に意識したのが「北海道の風土」だった。最初に被写体として選んだのは石狩川とその河口にある石狩町（当時）で、まちの様子や石狩町で生活する人たちを約8年間撮影した。その間、余市、上ノ国、釧路、網走、常呂、天塩などの町並みやそこに暮らす人々の様子も撮り続けた。ほかにも、職人、小樽運河、木造校舎、名木・巨木、森林などもテーマにして撮り続けた。結果的にどのテーマも未完成だが、「写真とは記録すること」との思いや被写体に直に向き合って撮るという姿勢は変わらなかったように思う。

　実際には無計画な旅であったが本書に掲載するにあたっては撮りためた写真を、札幌駅を起点に一筆書きのようにして楽しめるように構成した。40年前にタイムスリップして、少しでも旅気分を味わっていただけたらとの思いからである。当時の切

符やスタンプを掲載したのも同様の理由からだ。なお、これらの切符やスタンプは写真撮影旅の際に私が押印したものではなく、鉄道愛好家でJR旭川四条駅前で鉄道雑貨店「ぽっぽや」を経営している安田威さんからご提供いただいたものである。

　本書をご覧になった読者はおわかりのように、廃線になった路線のすべてを収めたものではない。また、撮影者の私としても、廃線になるとわかっていながらの撮影は、思い入れのある路線が多かっただけに、さみしい気持ちや複雑な思いもあった。

　私の撮影は、乗客のいる車内を中心に、車窓の景色、駅のプラットホーム、駅舎と待合室など、乗客と一体となってカメラを向け、その間を駆け回るというものだった。停車するたびに乗客も入れ替わる。席を温める時間はなく、乗客の動きや距離に注意して目立たぬように通路を行き来した。

　撮影にあたっては、必ずお声がけをしてからカメラを向けたが、どの乗客も快く撮影に応じてくれた。いまさらではあるが、撮影に応じていただいた乗客や国鉄職員の方々には心よりお

礼申し上げたいと思う。乗客も国鉄職員もいずれ廃線になることを知っていたが、走行中の表情はいつもと変わらなかった。隣の客と談笑する場面や黙々と手仕事をする場面ばかりで、拍子抜けするほどの日常が広がっていた。車内はとても静かで、レールのリズミカルな響きが心地よくなり、カメラを手にいつの間にか睡魔に襲われることもたびたびあった。

　撮影から40年ほど経過した9千カットに及ぶネガは誰にも見られることなく人知れず破棄されたかもしれないが、北海道新聞社出版センターの五十嵐裕揮さんの目に留まり本という形になり、救済することができた。深く感謝を申し上げます。

　また、編集するにあたっては早川淳一さんには道内鉄道の現状や鉄道知識に関して貴重なアドバイスをいただき、同じく鉄道写楽家の矢野友宏さんには鉄道についてのアドバイスのみならず、本書の装丁・デザインもお願いした。多くの方々のご協力による共作となった。改めて厚く御礼申し上げます。

著者　坂東忠明

著者

坂東忠明（ばんどう・ただあき）

1946年（昭和21年）7月、上川管内中川町生まれ。
大学卒業後、北海道職員として勤務。退職後は道内各地の森林や河川など自然を訪ねる旅を楽しむ。

ブックデザイン　矢野　友宏
協力　　　　　　安田　威
　　　　　　　　早川　淳一
編集　　　　　　五十嵐裕揮

北海道 昭和の鉄道風景
懐かしの汽車旅

発 行 日　2024年7月30日　初版第1刷発行
著　者　　坂東　忠明
発 行 者　惣田　浩
発 行 所　北海道新聞社
　　　　　〒060-8711
　　　　　札幌市中央区大通西3丁目6
　　　　　出版センター　（編集）☎011・210・5742
　　　　　　　　　　　　　（営業）☎011・210・5744
印　　刷　中西印刷株式会社
ISBN　978-4-86721-139-7

※時刻表は国鉄監修日本交通公社発行、業務資料用「1983年
　北海道時刻表9月号」より転載